Zehen ke Zarre

Sabina Barot

Presentation by *BookLeaf Publishing*

Web: www.bookleafpub.com

E-mail: info@bookleafpub.com

ISBN: 9789357744713

First edition 2023

DEDICATION

I am indebted to my late mother for bringing this gift to me unknowingly. Some of my poems are also about her pain, which I felt so deeply. I dedicate this book to her, for paving a way for me as a poet.

ACKNOWLEDGEMENT

I would like to express my gratitude to BookLeaf Publishing for offering an opportunity like this to nurture the hidden talents of closeted artists. The book would not hold meaning without me thanking my late mother and father, who recognized the writer in me and nurtured it in their own way from the very beginning. I will always be grateful to God for giving me this talent, wherein I can pen down my thoughts exactly as I feel.

PREFACE

On a night full of turmoil, I wrote my first poem "Mohabbat ka samandar". These verses kept running in my mind and would just not let me sleep. When I finally picked up my pen and didn't stop till I wrote the whole poem down, I felt a huge sense of relief as if something had been lifted off my chest. Each poem like this has been an expression of the agony and helplessness I felt many times in life. These writings have kind of shaped my personality and are a huge part of me. I could not have rested in peace without publishing them. I will never be able to explain each verse as I say - " Shayari dil ka dard hai, use samjhana sir ka dard hai"

Mohabbat ka Samandar

Mohabbat ke samandar mein doobe lakho dil
Har dil ke andar ek samandar, kaun jaane
Kitne seene, kitne khanjar
Kitne toofan maujon ke andar
Har dil ke andar ek samandar
Ek samandar mein lakho manzar

Na jaane kitni kashtiyan doobi
Talash fakat ek chota sa saahil
Jab mil bhi gaya saahil
Toh reh gayi samandar ke beech kahin, uski
manzil

Ek samandar mein lakhon manzar
Har manzar ke ek kahaani
Har kahani mein ek samandar

Har mauj ki ek kahaani
Har kahani mein do jawani
Ek deewana, ek deewani
Kitni hi zinda misaalein
Shaamil aur kai qurbani

Manzil ki chaah mein bhatki manzilein
Kabhi dil na mile, na kabhi manzil
Kho jaata hai dil kahin, jab milti hai koi manzil

Aur jab dil mile, toh manzil nahi haasil

Tai toh aashiqon ko hai karna
Ya dil milenge, ya toh manzil
Ke na manzil ho sakti hai koi dil
Aur na dil ban sakta kisiki manzil

Mohabbat aur haqeeqat
Zindagi ke do alag pehlu hain
Mohabbat mein shaamil nahi haqeeqat
Na haqeeqat mein milti kabhi mohabbat

Waqt

Ret ke daano sa, kuch iss tarah
 Phisla jo waqt, mere haathon se ek martaba
 Ke manzil ka toh pehle hi na tha koi nishaan
 Hui qismat mujhpe itni meherbaan
 Bichad gaye hain kadmon se raastein bhi door
kahin
 Aaj sochti hun ke, kyon hui thi main kabhi itni
badguman
 Kyon khayal nahi aaya mujhe
 Ki mere hamsafar hi ho jayenge mujhse anjaan
 Aisi thokar hai khaayi
 Ki mujhse kho gayi meri pehchaan

 Kyun ho rahein hai kadam itne badguman
 Yeh hamein khabar hi nahi
 Khamosh hai har raasta, bhatak gaya hai dil
kahi
 Reh gaya door kahi karwan
 Kadam badhaye toh kiss taraf
 Na manzil nazar aati hai na raah
 Kash deti manzil hamein aawaaz
 Lekin woh bhi toh ho gayi bezubaan

Kyon diya mujhe ye aaghaaz
kyon ched diya mere gham ka saaz
kyon chura liya ye raaz
ab ghumte hain badhawaas

Kis tarah tujhse mohabbat ki hai

Zamane ki thokar khake,
bahe kai aansu
In ansuon se teri alaida si tasveer rang di hai
Gham aur tanhai ke aalam me
Teri yaadon ko panaah di hai

Apne toote hue dil ke
Har tukde mein tujhe jagah di hai

Kaise bataun kis tarah tujhse mohabbat ki hai

Tera bhi kya kehna, tune iss dil se nafrat hatake,
mohabbat jo bhar di hai

Mere hamdam mere hamnawaz
Kehdu tumhe kya yeh raaz

kis tarah tujhse mohabbat ki hai

Par dar hai, toot na jaye woh khwahishein
Tujhse umeed jo maine ki hai

Zamane se naummeed ho kar
bas ek teri hi ummeed to ki hai

Bezaar

Mohabbat ka samandar hai, jazbaaton ka toofan
 Aur beech mein mere dil ki kashti
 Gar main jazbaaton se ladkar apne pe qaabu paa
leti hu
 Toh teri mohabbat se haar jaati hu
 Dil ki jeet, tujhe paa leti hai
 Toh mujhe hara deti hai
 Tere saath ya tere baghair, Iss paar ya us paar,
 Dono hi mein hai meri haar
 Apne dil aur tujhse,
 Dono hi se hun main bezaar

Uljhan kaise suljhaun

Itni uljhan hai kaise suljhaun

Tujhse pyaar karu ya paas baithaun
Tujhse dil ka haal kahu ya chup ho jaun
Khamoshi se dekhti rahu ya aankhon me bas
jaun

Itni uljhan hai kaise suljhaun

Itni mohabbat hai dil hi mein simat ti nahi
Tu hi bataa yeh mohabbat bepanaah kaise jataun

Kitni uljhan hai kaise suljhaun

Seene ke dard ko kaise chupaon
Aankhon se bayaan karu
Ke Ashkon se chalkaun,

Ya deewani ho jaun, ke tujhe deewana kar jaun

Teri mohabbat ko sar aankhon par rakhenge

mere dil ko pairon tale raundne wale nadaan aashiq
chahe toh aazmale
gar hogi tujhe kisi aur se mohabbat
toh jaan meri, teri ulfat mein
uska bhi dil tere kadmon me laake rakhenge

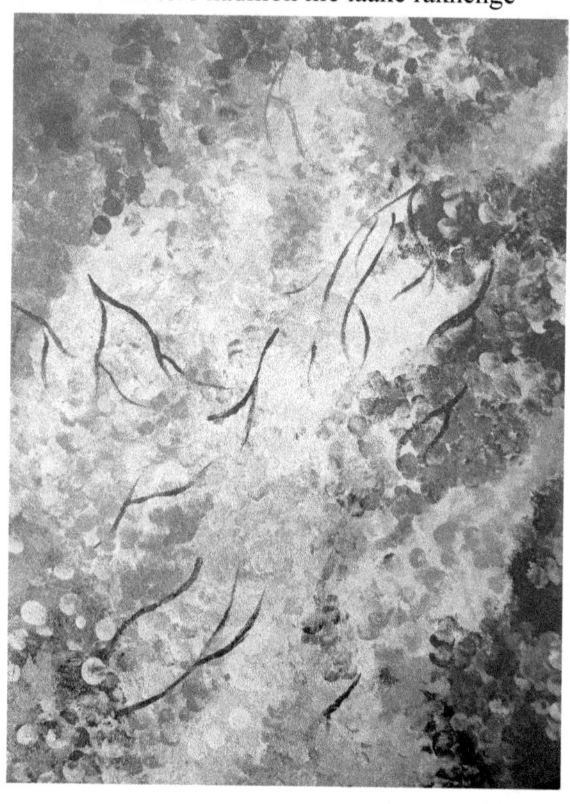

Sheeshe mein teri tasveer barkaraar hai

Dil ke tukde hazaar hue, tajub hai
sheeshe mein basi teri tasveer barkaraar hai

Dard ne har hadh paar kar li thi, laga doob hi
jayegi ashkon mein
Par teri ashiqui tera junoon pehle sa ab bhi
sawar hai

Har toote tinke ko jod kar dekha hai
Teri shaksiyat dil me wohi mukammal
Aur wahi jaan tujh pe nisaar hai

Mohabbat ki raah par chal kar dekha hai
Haasil kuch bhi na hua hai
Ashkon me beh gayi yeh umr tamaam
Ek wajood tha jo kaayam tha
Ab toh yebhi nesto nabood hai
Aur har zarra sharm saar hai
Bas sheeshe mein basi teri tasveer ab bhi
barkaraar hai

Jaam kalam aur kitaab

Shaayar ka toh hota hai yeh hisaab
Jaam kalam aur kitaab
Inhi cheezon mein talashte hai
Har kambakht sawaal ka jawaab

Tanhai me likhi nazmon se
Har mehfil me rang layenge
Chont chahe mehboob ki ho ya zamaane ki
Har baat pe nazm banayenge
Har dard ka bayaan khoobsurti se kar jayenge
Rote hue ko hasaa jayenge
Hanste hue ko ghamgheen kar jayenge

Jab kisi ki samajh me nahi aata hamara hisaab
Kehte hain iska toh hai dimaag kharaab

Kisi jazbaat ko nahi chodenge
Har gham ke peeche daudenge
Zindagi se maut ko nichodenge
Gar zad pe aa gaye toh maut ko zindagi ki taraf
modenge

Bebaak nazmo par taareefe hi nahi
Milti hai ruswai bhi behisaab

Bas har shaayar toh hota hi hai yun badguman
hai woh itna lajawaab
ki uska duniya mein nahi koi hisaab

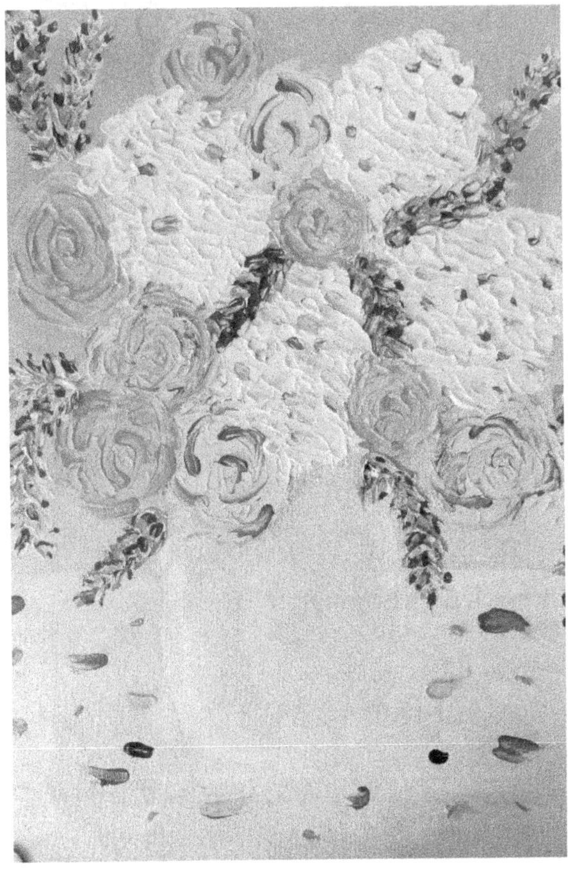

Jaddo jehad

Main kaise aitbaar kar lu tera mere dil
Jab mera tujhpe ikhtiyaar hi nahi

Aaj tak nahi suljha paai tere mere beech ki
jaddojehad
Kaise keh du mai bezaar nahi

Tera kaha karke toh dekha, duniya ko kaun
samjhaye
Main khatawaar nahi

Jab teri baat meri zabaan par hai aati
Log samjhe main hayaadaar nahi

Har modh par nayi adchan
har baat par kisi se anban

Samandar paar karna toh aasaan sa hai
Dil par qabu pana hai mushkil

Log kahe mere bas mein nahi mera dil
Aisi bebaak adaa par bhi sharmsaar nahi

Main kaise tera aitbaar kar lu mere dil
Ki Khud tera tujhpe ikhtiyaar nahi

Ashkon se raushan

Ashkon se raushan karte hain, bujhte dil ke diye
Tanhai me sajaate hain, teri yaadon ki mehfile

Yunhi nahi kehte, ummeed pe duniya kaayam
hai
Tera intezaar ham ta umr toh kya
Kayaamat ke baad tak karenge
Isi umeed pe tu nahi, teri khabar toh aaye

Teri masroofiyat sar aankhon par
Par ham bhi dua mein daaman failaye
Tujhe meri yaad pal pal na sataye, par zaalim ek
baar toh aaye

Jiski mohabbat mein hai dil mera raushan
Kya jaane use hai kis baat ki uljhan
Khudaya pak teri uljhan ko suljhaye

Hafiz khuda dil ko kiya maine
aakhri umeed par, tera intezaar mera dil na
jalaye
Ise tera pyaar na sahi, par kabhi toh karaar aaye

Tanhai

Hamein khushi raas na aayi
 Mehfil mein shamil hue, leke tanhai
 Hamne socha tu aayega, karega hausla afzaai
 Par zalim tujhe bhi mere haal par hansi hi aayi
 Tujhe teri mehfil mubarak ho, mujhe meri
tanhai

Mureed

Ek waqt tha,
tere mureed hua karte the ham
Aur aaj hai, hamari mazaar pe phool chada te ho
tum

Kya tumhari yaad mein jalaye the maine kuch
kam diye
badle mein tum mera hi dil jalakar chal diye

Pyaar hai

Kyun sukoon hai, jo abhi tha nahi
Rasta hai par manzil nazar mein nahi

Mashooq hai par tu masoom nahi
Janta hai tu par jatata nahi

Ibteda hai, par phir bhi ikhtiyaar hai
Madhoshi nahi, bekaraari nahi
Hosh hai karaar hai
Par phir bhi pyaar hai

Bas sirf ek kismat hai, jispe aitbaar nahi
Thodi tasalli hai, par barkaraar nahi

Tammannayen hazaar hai par acha hai,
apne beech koi ikraar nahi

Sochna toh bahot kuch hai,
Par teri yaadon se leni fursat hamko yaar nahi

Abhi ke liye aisa kar, jaisa hai wahi theek hai,
Isse aage badhu, iss faisle ke liye main tayyaar
nahi

Khata

Meri jaan mujhe meri khata bata
 Mujhpe jo wajib, meri saza bata
 Yu khamosh rehkar na tujhko chain
 Na mujhe karaar
 Bharu kiss cheez se apne beech ye daraar
 Aisi mitti, aise zarre ka pata bata

 Karta hai tu aise hairaan
 Hota hai tu khud bhi toh pareshaan
 Ho teri naraazgi ghayab,
 Mujhe aisi dawa bata

 Hal ho jaye to yeh mushkil
 phir bhi itni mamuli
 Soch umr hogi kaise tamaam
 mujhe sirf itna bata

Ghafil

Lamha lamha, zindagi sirf basar hi hoti hai
 Kabhi zindagi mujhse, kabhi main zindagi se
ghafil
 Aise beparwaah jeena,
 Ab toh anjaam ki bhi fikar nahi hoti hai

Yun mohabbat se mehroom hain
Kabhi main dilko,
Kabhi dil mujhko kose
Pata nahi dono mein kaun masoom hai

Kitne aashiyane badle
Kitne thikane badle
Kabhi main rehguzar se
Kabhi rehguzar muhjse anjaan

Hazaron maikhane piye
Kya zamaane jiye
Har jaam meri shaan
Main har jaam ki pehchaan
Yaad nahi, kya gham ko doobo diye
Ya saath gham ke khudi ko kho diye

Yun lamha lamha bas basar hi hoti hai
Main ghafil na rahu,
 Toh yeh umr aur shaam kambakht tamaam nahi
hoti hai

Anjaam de

Yeh shab tere intezaar mein dhalti nahi
Teri naraazgi ashkon mein ghulti nahi
Mujhse aisa bhi kya gila
Ke teri nazar mujhse kuch shikwa bhi karti nahi

Dekh teri khamoshi hi ban gayi hai mere zehen
ka shor
Kya shikayat hai mujhse itna bata
Mujhe meri saza bata

Dil ko sukoon de karaar de
Pyaar nahi toh takraar de
Yun ek doosre se mehroom kyon jiye ham
Yeh shab aur zindagi ko koi toh anjaam de

Akele hi aayi hun

Apni khudi dhundh rahi hun
Tujhse rooth kar aayi hun
Par khud ko tere paas bhul kar aayi hun

Meri zaat mera zikr, mera khayaal tere paas hai
Tujhse judi meri har yaad tere paas hai
Main akeli hi aayi hun, apni saanson se zyaada
Aur kuch nahi apne saath layi hun

Meri jaan bhi tere paas
Tujhme ghuli meri khushboo tere paas
Mohabbat ya nafrat karu kiss zariye se
Mere jazbaat tere paas

Main sach kehti hun, main khali haath hi aayi
hun
Apna dil bhi tere paas hi chod aayi hun

Fut fut kar roti hu, yunhi din raat
Daaman bhigoti hun, udaasi ko seene se lagaye
hoti hun
Mujhe dilasa de kaun, mere yaar mera pyaar bhi
tere paas

Teri baahon se sukoon se soyi thi, sapno khoyi thi
Ab badhawas si phirti hu,
Meri neend mere sapne tere paas

Toote dil ke tukde bhi na samete
Main akele hi aayi hu,
Mera gharonda mera jahaan sab chod aayi hu

Doobe na Ubhre

Doobe na ubhre yeh nazaara hai
 Zindagi ne hamein bhi kuch aise sawaara hai
 Dariya aur kashti ek hi lagi hamein
 Na kareeb na door apni manzil
 Na hi paas kinaara hai

 Gehraiyon ke sapne nahi the
 Raahon mein tab bhi apne nahi the

 Manzil tak aate aate manzar palat gaye
 Zindagi ke safar akele hi kat gaye

Hansti hun toh bhi ashq hi jhadte hain
 Jane kaise yeh kabhi kam nahi padte hain
 Tere buland sitare mere waalon se
 Gardish mein hun, iss liye akadte hain

Mehengi Saanse (Covid)

Aaj saanse mehngi hai
 Hawa toh phir bhi sasti hai
 Jis jis ki jaan bachi hai
 Uspe ilzaam e matlab parasti hai
 Rona toh aane se raha
 Duniya ab bhi iss haal par hasti hai

Zehen ke Zarre

Zehen ke zarre hain
Toot ke bikhre hain

Samet ke rakh lu seene mein toh ban jayein
fasane se
Jo ab fursat se hun,
Chun ke piro lu phirse toh lage moti ke daane se

Koi dilchasp afsana
Gar kagaz par likh du toh ho jayein taraane se

Maine nashe mein zindagi tamaam ki hai
Ab kaise un lamhon ko chalka du paimaane se

Chupa koi ranj mere zikr mein, rang diya saara
daaman
Meri ruswai kije kabhi toh kabhi jag hasai
Jis ko jo bhi mile mehez naam hai bahane se

Har gham ki uljhan, Har saans ek chubhan
Jisko dikhaayi dil ki gehraai, unke bhi chehre ho
gaye begaane se

Kabhi hua karte the har ek mehfil ki shaan
Ab toh kisi ke bhi zehen mein main nahi hu baki

Guzra hai waqt itna iss reh guzar par,
Aaj lage woh din hamein koi zamaane se

Mere apne

Tumhari yaadon ko duboya na gaya mujhse
Mere ashq kam toh na the

Manaa gardish me rahe, Mere sitaare,
Par teri roshni se kam toh na the

Buland na sahi, mera naam badnaam toh nahi,
Tujhse jud jaye itne bhi bebas ham toh na the

Meri jag hasayi meri ruswai jee bhar ki tumne
Aur mujhe diye tumhare zakhm kabhi kam toh
na the

Mujhe har ek kadam majboor kar bhi
kabhi khush tum toh na the

Hamari tabaahi chahi kai baar tumne
Par aise kismat ke maare ham toh na the

Tadbeer kar taqdeer bana hi li hamne
Warna tumhari tanashahi ke waar ham pe koi
kam toh na the

Kai baar mujhe giraane ka lutf aaya tumhe
Par yeh kaisi zad

Jo na koi rang layi, na kisi kaam hi aayi
Mere apne ho kar bhi paraye rahe
Shukr hai tumhari aisi ummeed ke sahare ham
to na the

Pyaasa

Pyaasa khud kuwe ke paas jaat hai
 Kuwa kabhi aata nahi pyaase ke paas
 Tu kyu hai itna udaas
 Jab hogi maut ko teri pyaas
 Toh khud ba khud chalkar aayegi tere paas

Hazaar shikast dede, gham nahi
Bas ek jeet dede
Tere liye yeh mushkil nahi
Mere liye woh kam nahi

www.ingramcontent.com/pod-product-compliance
Lightning Source LLC
Chambersburg PA
CBHW050751180726
48003CB00020B/2336